AF288300

Koshinkan-Karate

Vorschläge für
Prüfung und Selbstverteidigung
(Weiß- bis Violettgurt)

von

Volker Römstedt
I. DAN Koshinkan, C-Prüfer

2. Auflage 2016
Herstellung und Verlag:
BoD - Books on Demand, Norderstedt

ISBN 978-3-8423-7865-0

Impressum

Koshinkan-Karate
Vorschläge für
Prüfung und Selbstverteidigung

von Volker Römstedt

Diese Publikation ist in der Deutschen National-
bibliografie der Deutschen Nationalbibliothek
verzeichnet; abrufbar im Internet: dnb.dnb.de

© 2016 Volker Römstedt
2. Auflage 2016

Herstellung und Verlag:
BoD – Books an Demand, Norderstedt
ISBN 978-3-8423-7865-0

Inhalt

1. Haftungsausschluss

Sehr geehrte Leser,

es wird darauf verwiesen, dass alle Angaben in diesem Buch, trotz sorgfältiger Bearbeitung, ohne Gewähr erfolgen und eine Haftung des Autors oder des Verlages ausgeschlossen wird.

2. Was ist Koshinkan-Karate ? [1]

Koshinkan ist seit Januar 2000 eine Stilrichtung im Deutschen Karate Verband (DKV) u.a. mit dem Ziel, der Umsetzung von Karatebasistechniken in eine <u>effektive und gut erlernbare Selbstverteidigung</u> sowie auch Wettkampf- und Breitensporttraining.

Ausgangspunkt ist hierfür ein freundschaftliches und sportliches Miteinander aller Karateka, gleich welcher Stilrichtung. Erreicht werden soll dies, in dem die in anderen Stilrichtungen des DKV erworbenen Graduierungen und Lizenzen im Koshinkan anerkannt werden und das Koshinkan-Prüfungsprogramm als <u>flexibles</u> Rahmenprogramm konzipiert ist. Trainer, Prüfer und auch Prüflinge können mithin ihr Prüfungsprogramm individuell erstellen.

Hierzu möchte ich in diesem Buch meine Ideen aufzeigen sowie einige Anregungen zur Thematik „Selbstverteidigung" geben.

---

[1] Vergl. Koshinkan homepage, 2011,
Abschn.: „Koshinkan Kodex" + „Was ist Koshinkan Karate ?"

2.1. Einleitung

In 2011 traf ich auf der DKV-homepage zufällig auf die Stilart Koshinkan, deren Ausrichtung auf die Thematik „Selbstverteidigung" mich sofort ansprach. Weitergehende Informationen fand ich im Internet auf „www.koshinkan.de" sowie auf diversen websides Beiträge und Prüfungsprogramme. An Literatur ist mir das „Koshinkan Prüfungsprogramm Baden-Württemberg" von Bernd Geupel nach einer Konzeption von Albrecht Pflüger bekannt.

Als Kernpunkt des Koshinkan sehe ich die Rahmenprüfungsordnung, die es individuell auszugestalten gilt. Und genau hierin liegt eine Besonderheit des Karatestils. Diese Rahmenprüfungsordnung soll (und muss) also von den Trainern, Prüfern und auch Prüflingen in individuelle Programme umgesetzt werden. Und so driften die individuell praktizierten Programme folglich inhaltlich (z.B. Fitnesstest, Kata-Auswahl etc.) auseinander.

Es heißt wörtlich im Rahmenprüfungsprogramm „Die Prüfer des Koshinkan-Karate können sich bei Kyu-Prüfungen an diesem oder an Ihrem dojointernen Prüfungsprogramm orientieren."[2] Diese Konzeption setzt auf gut ausgebildete Prüfer. [3]

Ich habe mich bemüht, mit meinen Vorschlägen möglichst direkt die Vorgaben der Rahmenprüfungsordnung umzusetzen. Beachtet bitte, maßgebend ist das, was Euer jeweiliger Prüfer letztendlich sehen möchte. Gerade im Koshinkan ist deshalb eine rechtzeitige Verständigung mit dem Prüfer - besonders einem Dojo-Fremden (z.B. auf Lehrgängen) - anzuraten.

---

[2] Koshinkan, Rahmenprüfungsprog., 2010, S. 3,
   Abschn.: „Koshinkan Prüfungsprogramm für Schülergrade"
[3] Vergl. Koshinkan, Rahmenprüfungsprog., 2010, S. 2,
   Abschn.: „Was ist Koshinkan Karate ?"

2.2. Karate zur Selbstverteidigung

Für den Zweck „effektives Karate zur Selbstverteidigung" ist ein gewisses Umsetzen der Karatebasistechniken und Übungsformen anzuraten. Die Frage des „Warum umsetzten ?" beantwortet sich u.a. aus den verschiedenen Angriffsvarianten in der Verteidigungsrealität. So wird in den meisten Karatestilen vorwiegend die Abwehr von exakt vorgegebenen Atemi- (Schlag-/Tritt-) Angriffen geübt; in der Realität gibt es aber auch die Angriffe Würgen, Fassen, Umklammern, jegliche Schlag-/Trittformen sowie Messer- und Stockangriffe.

Das Koshinkan bietet mit seinem Rahmenprüfungsprogramm hierzu die Möglichkeit. Die Karatetechniken einer Stilart werden hierbei natürlich nicht verändert! Sie mögen nur in verschiedenen Verteidigungssituationen umgesetzt und auch geübt werden.

Dieses Buch legt im Nachfolgenden die Techniken und Bezeichnungen der Stilart Shotokan beispielhaft zu Grunde. Möge jeder Karateka einer anderen Karatestilart die Beispiele in seinen Stil sinngemäß übertragen. Diesem Ziel entsprechend, bedarf es hierzu in diesem Buch keiner detaillierten Beschreibung der Karatebasistechniken und Kata. Diese Themen sind Bestandteil des üblichen Trainings und anderer Bücher und DVD. Themen-schwerpunkte sollen vielmehr die Grundlagen und Beispiele zur Karateselbstverteidigung bilden.

3. Grundlagen der Selbstverteidigung

3.1. Die drei Arten der Selbstverteidigung

Bereits unser Karatepionier Albrecht Pflüger hat mit seinem Buch „Karate für alle – Karate-Selbstverteidigung in Bildern" Karatetechniken in Selbstverteidigungssituationen übertragen. Hierbei unterscheidet er *drei Arten der Selbstverteidigung (SV)*

1. SV zur <u>Kontrolle</u> des Angreifers
   (z.B. mittels Hebel- und Festhaltetechniken)
2. SV um den Angreifer von weiteren Angriffen
   <u>abzuhalten und</u> zu <u>vertreiben</u>
3. SV um den Angreifer <u>kampfunfähig</u> zu machen

Mangels Hebel-, Festhaltetechniken und dergleichen im Karate, konzentriert sich die Karateselbstverteidigung vornehmlich in den Punkten (2.) abhalten, vertreiben und (3.) kampfunfähig machen. [4]

Für diese Zwecke bietet das Karate äußerst wirkungsvolle Techniken, die auch zu schweren Verletzungen oder gar den Tod des Angreifers führen können. Ich bitte daher jeden Karateka zu bedenken, dass in Deutschland eine (straffreie) Notwehr nur gestattet ist, soweit sie u.a. verhältnismäßig erfolgt. Diese Verhältnismäßigkeit ist natürlich situationsbedingt auszulegen.

So dürfte es z.B. im Rahmen einer Schulhofpöbelei mit einem Fassen des Ärmels nicht statthaft sein, sich mit einem Zuki (Fauststoß) zur Nase (Nasenbruch) oder Nukite (Stich) in die Augen zu verteidigen.

Da der Thematik „Notwehr" allgemein im Kampfsport meist wenig Beachtung geschenkt wird, möchte ich als Exkurs mit einem Kapitel kurz darauf eingehen.

---

[4] Vergl. Pflüger, Karate für alle, o. J., S. 9

Nun führt die technische Eigenart des Karate dazu, dass eine Verteidigung überwiegend im Stehen mit (harten) Schlag- und Tritttechniken erfolgt, bis der Angreifer vertrieben oder kampfunfähig ist. Eine Kontrolle, wie unter Punkt 1 beschrieben, ist so nur schwer möglich.

Wer seinen Angreifer kontrollieren will oder muss (z.B. beruflich bei Polizei oder Security), sollte sich auch mit weitergehenden Techniken, wie z.B. Hebel, Fallschule, Schrittdrehungen (Sabaki), Festhaltetechniken und Würfe, befassen. Werden diese Techniken dem Karate hinzugefügt, so befindet man sich thematisch im Bereich des Ju-Jutsu/Jiu-Jitsu (u.ä.). Diese Kampfsportarten haben u.a. das Ziel, einen Angreifer, möglichst durch ausnutzen seiner eigenen Angriffskraft, schnellstmöglich zu Boden zu bringen (meist Bauchlage mit Kopf zum Boden) und ihn dort festzuhalten, ggf. zu fesseln und abzuführen. Bedenke aber, wer diese Techniken anwenden will, muss sie auch zuvor eingeübt haben. Nur was man gut geübt hat, kann man auch effektiv anwenden!

Wer sich für das Karate entschieden hat und fleißig trainiert, sollte es auch für die Selbstverteidigung verwenden. Hierfür bedarf es nur ein wenig Anpassung und Übung. Ein „Blick über den Tellerrand" zu anderen Kampfsportarten ist immer gut, macht m.E. aber nur Sinn, wenn es auch zu einer Einübung der Techniken im regulären Training kommt. Vermutlich kann das nur gelingen, wenn auch der Karatetrainer in der anderen Kampfsportart ausgebildet ist.

Hinweis: Für einige Stilarten (z.B. AKS) mag das hier Beschriebene nicht zutreffen.

3.2. Grundsätze zur Selbstverteidigung

Folgende Prinzipien sollten m.E. für eine Selbstverteidigung beachtet und geübt werden:

- Bedenke, die beste Verteidigung ist **WEGLAUFEN !!!** [5]

- (Ausweich-) Bewegungen/Stellungen sollten in alle Richtungen geübt werden, bis sie blitzschnell und auch intuitiv erfolgen können.

- Auch Drehbewegungen (Sabaki u.ä.) üben; es sind die schnellsten Wege aus einer Angriffsrichtung herauszukommen.

- Auch die Nahdistanz zum Angreifer üben; Empi sind dann gut geeignet.

- Einfache Techniken auswählen, dafür immer kraftvoll (mit Kiai)

- Keine Beintechniken zum Kopf. Der Weg zum Kopf ist zu (unnötig) weit. Kann der Angreifer unsere Beintechnik abwehren, drohen uns schmerzvolle Verletzungen. Treffen wir ihn, drohen dem Angreifer ggf. schwere Kopfverletzungen (Problem der Verhältnismäßigkeit).

- Abwehrtechniken immer mit einer Bewegung kombinieren. NIE stehen bleiben und sich nur auf die Abwehrtechnik (z.B. Block) verlassen.

- Fingerstiche zum Oberkörper sind meist wenig effektiv, aber sehr wirkungsvoll zu Augen und Hals (Achtung: ggf. schwere Verletzung des Angreifers !)

- Versuchen, mit wenigen guten Techniken gegen eine Vielfalt von Angriffen konsequent zu verteidigen (üben).

---

[5] Vergl. Braun, Selbstverteidigung, 2006, S. 15   (und viele andere)

- Gut für die Verteidigung ist, was für einen persönlich funktioniert. Auf „Schönheit" der Technik (wie z.B. in der Kata) kommt es nicht an.

- Stockabwehr
  birgt grundsätzlich wenig Probleme, da der Stock nur einen verlängerten Schlagarm darstellt. Abzuwehren ist natürlich der stockführende Arm, nicht der Stock selbst.

- Messerabwehr
  Blöcke sind zur Abwehr nur bedingt geeignet. Der Angreifer könnte den geblockten Messerarm reflexartig zurückziehen und den blockenden Arm/Hand eine Schnittwunde zufügen. Der Angreifer hätte das Messer dann immer noch und könnte erneut angreifen. Das Prinzip, die messerführende Hand zu erfassen (und zu kontrollieren) und gleichzeitig mit dem eigenen freien Arm eine Schocktechnik (Atemi) auf den Muskel oder Kopf des Angreifers zu geben, hat sich z.B. im Ju-Jutsu bewährt.
  Die Verteidigungskombination
  > Ausweichen + Block oder Fassen + Schockatemi

  hat unbedingt *gleichzeitig* zu erfolgen und bedarf guter Übung. Eine Abwehr ist nur bei höchster Gefahr sinnvoll.

- Pistolenabwehr
  Blöcke sind zur Abwehr ungeeignet. Die Pistole muss sofort gefasst und die Waffenlaufrichtung kontrolliert werden. Gleichzeitig muss sich blitzschnell aus der Schussrichtung gedreht werden. Eine Abwehr ist nur bei Nahdistanz und höchster Gefahr sinnvoll.

- Versuche zu „**siegen ohne zu kämpfen**"
  Hiermit sind nicht irgendwelche mentalen Kräfte gemeint, sondern das umsichtige Verhalten und damit rechtzeitige erkennen von möglichen Gefahren.

Beispiel:
Auf unserer schmalen Gehwegseite kommen uns in einiger Entfernung vier angetrunkene lautstarke Typen entgegen. Wir können nun versuchen einer möglichen Aggression (Kampf) zu entgehen, in dem wir frühzeitig und unauffällig die Strassenseite wechseln oder die Richtung ändern („= Sieg").

Auch wenn wir uns hierbei vielleicht ungerecht behandelt fühlen, denn wir verzichten ja auf unser Recht den Gehweg zu benutzen und weichen einer unberechtigten Gewalt, so haben wir doch den richtigen Weg gewählt. Das genannte Beispiel lässt sich auf viele Alltagssituationen übertragen, Bus, Bahn, Imbiss, Kneipe, Disco, u.v.m..

4. Notwehr/Nothilfe

Notwehr: ist die eigene Verteidigung (= Selbstverteidigung)
Nothilfe: ist die Verteidigung einer anderen Person

Die Notwehr-/Nothilfe-Rechte, in § 32 Strafgesetzbuch (StGB) und § 227 Abs. 2 Bürgerliches Gesetzbuch (BGB), erlauben es, uns unter bestimmten Voraussetzungen gegen Angriffe zu verteidigen und stellen uns dann frei von Strafe (= Strafrecht, StGB) und/oder Schadensersatzpflicht (= Zivilrecht, BGB).

Beispiel:
A (Angreifer) schlägt B auf die Nase und bricht sie ihm.
Hat A keinen (Rechtfertigungs-)Grund, z.B. Notwehr, für seinen Schlag, kann
1. B die Bestrafung von A beantragen (Strafrecht)
    (= Anzeige der Straftat Körperverletzung)
und/oder
2. B von A Schadensersatz verlagen, z.B. für Arbeitsausfall, Arztkosten u.ä. (Zivilrecht)

Gesetzestext, 227 Abs. 2 BGB

> „Notwehr ist diejenige **Verteidigung**, welche **erforderlich** ist, um einen **gegenwärtigen rechtswidrigen Angriff** von sich oder einem anderen abzuwenden." [6]

Es bedeutet:

„Verteidigung" [7]
ist jedes Verhalten um den Angriff zu beenden.

---

[6] Schönfelder, Deut. Gesetze, 2009, 20 BGB, S. 44
[7] Vergl. Peters/Weger/Lowien, Unterrichtung, 2007, S. 58

„erforderlich" [8]

Die Verteidigungshandlung muss notwendig und geeignet sein, um den Angriff sofort zu beenden. Sie hat nach dem **Verhältnismäßigkeitsprinzip** zu erfolgen, was bedeutet, dass von den möglichen Verteidigungshandlungen diejenige gewählt werden muss, die den geringsten Schaden verursacht; also das „mildeste Mittel". Der Verteidiger muss außerdem mit dem Verteidigungswillen handeln und darf nicht aus Motiven wie Rache, Wut, Hass o.ä. geleitet sein.

Beachte:
Bei einer „Schlägerei unter Männern", zum Zwecke des Kräftemessens (z.B. Motto: der Stärkere hat Recht), fehlt es regelmäßig am Verteidigungswillen. Die Kontrahenten wollen den Kampf; also ist für beide <u>keine</u> Notwehrsituation gegeben.

Ähnlich dürfte die Situation sein, wenn man von jemanden durch Worte zum Kampf gereizt wird und dann antwortet „Na komm/mach/schlag doch." Man hat den Kampf ja zumindest wörtlich zugelassen.

„gegenwärtig" [9]

ist ein Angriff, der
- unmittelbar bevorsteht,   -> z.B. Worte:
                                              „Ich haue Dir <u>jetzt</u> auf die Fresse!"

- gerade begonnen hat   -> z.B. Tat:
                                              Angreifer holt zum Schlag aus.

oder
- noch nicht beendet ist.

[8,9] Vergl. Peters/Weger/Lowien, Unterrichtung, 2007, S. 57-59

Beachte:

Ein häufiger Irrtum ist die Meinung, den ersten Schlag des Angreifers abwarten zu müssen bevor Notwehr zulässig wäre. Vor Gericht könnte es aber Probleme geben, wenn abseits stehende Zeugen nicht die Worte des Angreifers gehört oder seine Ausholbewegung gesehen haben, sondern nur unseren ersten Verteidigungsschlag. Haben wir den Angreifer ggf. sichtlich verletzt (z.B. Blut, Wunden), erhält er oft auch noch die Sympathien der Zeugen (Mitleidseffekt).

„rechtswidrig" [10]

ist der Angriff, wenn der Angreifer keinen Rechtfertigungsgrund hat. Rechtfertigungsgründe können <u>z.B.</u> sein, wenn der Angreifer:
- in Notwehr/Nothilfe handelt
- das Recht zur Festnahme hat, § 127 StPO
- im Rahmen des rechtfertigenden Notstandes, § 34 StGB, handelt
- seine Selbsthilferechte, §§ 229, 859, 860 BGB durchsetzt

„Angriff" [11]

geht immer von einem Menschen aus, der fremde Rechtsgüter verletzt. Ein Angriff kann sich richten gegen
- Personen = Leben, Leib, Freiheit, Ehre
- Sachen = Eigentum, Besitz
- Hausrecht

D.h. Angriffe von z.B. Tieren (= Sache) fallen nicht unter das Notwehrrecht. Hier kommt § 228 BGB „Verteidigender Notstand" zur Anwendung. Ferner kommt Notwehr nicht nur bei Angriffen auf unseren Körper (= Leben, Leib, Freiheit) in Betracht, sondern auch zur Verteidigung unseres Eigentums, Besitzes und Wahrung des Hausrechts.

[10,11] Vergl. Peters/Weger/Lowien, Unterrichtung, 2007, S. 57-58

Die Verteidigung kann solange erfolgen, bis mit keiner Fortsetzung des Angriffes mehr zu rechnen ist.

Es könnte schwierig werden, alle diese Bedingungen, ggf. bei einem unverhofften Angriff innerhalb weniger Sekunden, zu bedenken. Hinzu kommt, dass diese Beurteilung auf die jeweilige Situation bezogen zu erfolgen hat, was ganz besonders für das Verhältnismäßigkeitsprinzip (!) von Bedeutung ist. So ist z.B. der Angriff „fassen und ziehen am Ärmel", wenn er vom gleichstarken Klassenkameraden zum ärgern erfolgt, anders abzuwehren, als der von einem Erwachsenen gegen einen Jugendlichen in Anbetracht einer unmittelbar bevorstehenden Schlägerei.

Wer nun verunsichert ist, mag vielleicht über diesen „schlauen Spruch" nachdenken: „Lieber von 4 Leuten gerichtet, als von 4 Leuten getragen."[12] Mit anderen Worten, im Zweifel sich lieber (ggf. rechtsfehlerhaft) verteidigen, als es nicht zu tun und eventuell verletzt oder getötet zu werden.

Darüber hinaus gibt es zwei Sondervorschriften, die uns bei „fehlerhafter Notwehr" vor Strafe schützen. Bei der Putativnotwehr, wird durch unvermeidbaren Irrtum eine Notwehrsituation angenommen, die tatsächlich aber keine ist.[13] Beim sog. Notwehrexzess werden die Grenzen der Notwehr (z.B. Verhältnismäßigkeit, Angreifer hatte bereits aufgegeben) aus Verwirrung, Furcht oder Schrecken überschritten.[14] Den Richter gilt es dann später vom Vorliegen dieser Gründe zu überzeugen.

---

[12] originäre Quelle unbekannt

[13] Vergl. Peters/Weger/Lowien, Unterrichtung, 2007, S. 89

[14] Vergl. Peters/Weger/Lowien, Unterrichtung, 2007, S. 99–100

5. Das Koshinkan-Rahmenprüfungsprogramm

Die Prüfungsordnung des Koshinkan gibt ein Rahmen-prüfungsprogramm vor, anhand dessen die Prüfer/Trainer individuelle Prüfungsprogramme auf der Grundlage Ihres praxisorientierten Karatetrainings erstellen können. Schwerpunkt soll die Selbstverteidigung bilden. Nach diesem Konzept soll es kaum einer speziellen Prüfungsvorbereitung bedürfen.[15]

Unterteilungen erfolgen nach:

Altersstufen[16]

A bis 6 Jahre	B 7 bis 12 Jahre
C 13 bis 49 Jahre	D ab 50 Jahre

Leistungsstufen (Schüler)[17]

Unterstufe	Mittelstufe	Oberstufe
9. Kyu – 7 Kyu	6. Kyu – 4 Kyu	3. Kyu – 1. Kyu
weiß – orange	grün – violett	braun
Einzeltechniken	2–3er Kombi.	Mehrfachkombi.

Vorbereitungszeiten[18]

Die Vorbereitungszeiten zwischen den Kyu-Prüfungen betragen grundsätzlich jeweils 3 Monate (für Kinder 5 Monate). Zum 9. Kyu (Weiß-Gurt) bedarf es keiner Einhaltung der Vorbereitungszeit. Er darf zeitgleich mit der Prüfung zum 8. Kyu (Gelb-Gurt) abgelegt werden.

---

15   Vergl. Koshinkan, Rahmenprüfungsprog., 2010, S. 2,
     Abschn.: „Was ist Koshinkan Karate ?"
16,17 Vergl. Koshinkan, Rahmenprüfungsprog., 2010, S. 3,
     Abschn.: „Koshinkan Prüfungsprogramm für Schülergrade"
18   Vergl. DKV, Verfahrensordnung des DKV, 2010, Kapitel B, 2011

Training und Prüfung sollen das gesamte Spektrum (die 4 Säulen) des Karate abdecken, die da sind: [19]

1. Kihon (Grundschule) [20]

Sie soll flexibel in verschiedene Richtungen ausgeführt werden, jeweils in Kampfstellung als Ausgangsposition. Für den Richtungswechsel gibt es 4 verschiedene Wendungen (vergl. Kap. 5.2.). Angriffstechniken sollen möglichst in einer Vorwärtsbewegung und Abwehrtechniken in einer Rück- oder Seitwärtsbewegung gezeigt werden. Die Einzeltechniken bzw. Kombinationen sollen viermal wiederholt werden.

2. Kumite (Kampf) [21]

Nach der Konzeption von Albrecht Pflüger sollen sich beide Partner zwischen den Angriffen frei (Jiyu) bewegen. Der Angreifer erarbeitet sich die passende Distanz für seinen Angriff. Nach Abwehr und Konter seitens des Verteidigers gehen beide Partner wieder in die sichere Distanz. Es soll sich vorteilhaft bewegt werden:
- Kontertechniken sofort wieder zurückziehen in Kampfstellung (nicht an die Hüfte) mit Deckungsbereitschaft
- Vorteilhafte Endstellungen (z.B. seitlich oder hinter dem Angreifer) beibehalten. Der Angreifer hat sich sofort neu kampfbereit zu positionieren.
- Hierdurch soll ein umsichtiges und vorteilhaftes Kampfverhalten beider Partner auf einer Fläche – nicht einer Bahn – erfolgen.

---

[19] Vergl. Koshinkan, Rahmenprüfungsprog., 2010, S. 2, Abschn.: „Was ist Koshinkan Karate ?"
[20] Vergl. Koshinkan, Rahmenprüfungsprog., 2010, S. 3, Abschn.: „Koshinkan Prüfungsprogramm für Schülergrade"
[21] Vergl. Geupel/Pflüger, Prüfungsprogramm B–W, o.J., S. 1

3. Selbstverteidigung[22]

Hierzu merken Pflüger/Geupel an, das die Verteidigungsaktionen völlig frei wählbar seien. Als einziges Kriterium sehen sie die Wirksamkeit, wobei die Verhältnismäßigkeit der Verteidigungstechniken (vergl. Kap. 4.) zu beachten sei.

Nach meiner Meinung sollte eine Verhältnismäßigkeit hingegen nicht bewertet werden. Unter Anwendung von reinen Karatebasistechniken dürfte sie nur schwer erfüllbar sein (vergl. Kap. 3.1.).

4. Kata mit Bunkai [23]

Bunkai (= Demonstration von Technikanwendungen aus einer Kata) soll mit Partner vorgeführt werden.

Für einen ersten Überblick über die Prüfungsanforderungen folgen zunächst grobe Übersichten zu den Rahmenprüfungsprogrammen der Unter- und Mittelstufe.

---

[22] Vergl. Geupel/Pflüger, Prüfungsprogramm B-W, o.J., S. 1
[23] Vergl. Koshinkan homepage, 2011, „Koshinkan Kodex" , Abschn.: „Koshinkan Kyu-Rahmen-Prüfungsprogramm"

Übersicht: Unterstufe: Erlernen von Einzeltechniken

Weiß / 9. Kyu	Gelb / 8. Kyu	Orange / 7. Kyu
Kihon		
1x Fausttechnik	1x Fausttechniken	2x Fausttechniken
2x Blocktechniken	4x Blocktechniken	4x Blocktechniken
1x Fuß- o. Knietech.	1x Fuß- o. Knietech.	2x Fuß- o. Knietech.
Ausgangs- u. Vorwärtsstand	Stände: vor- und rückwärts	Stände: vor-, rück-, seitwärts

Traditionelles Kumite nach Wahl des Prüfers

Freies Kumite

Weiß / 9. Kyu	Gelb / 8. Kyu	Orange / 7. Kyu
Je 3 x links/rechts	Je 3 x links/rechts	Je 3 x links/rechts
Angriff:	Angriff:	Angriff:
mit vorderer Faust	mit hinterer Faust	mit hinterem Fuß
Abwehr:	Abwehr:	Abwehr:
Block + Konter	Block + Konter	Block + Konter
	1 Min. Freikampf ohne Partnerkontakt	2 Min. Freikampf ohne Partnerkontakt

Selbstverteidigung

Weiß / 9. Kyu	Gelb / 8. Kyu	Orange / 7. Kyu
gegen:	gegen:	gegen:
– Handgelenk fassen	– beide Hand-	– Umklammerung
– Haare greifen	gelenke fassen	– Fußtritt vorwärts
	– Jacke fassen	– Schlag von oben
	– Fußtritt vorwärts	

Kata

Weiß / 9. Kyu	Gelb / 8. Kyu	Orange / 7. Kyu
Keine	Wahl des Prüfers	Wahl des Prüfers

Bunkai

Weiß / 9. Kyu	Gelb / 8. Kyu	Orange / 7. Kyu
Kein	kein	Wahl des Prüfers

Übersicht: Mittelstufe: Erlernen von 2–3er Kombinationen

Grün / 6. Kyu	Blau / 5. Kyu	Violett / 4. Kyu
Kihon		
Kombinationen:	Kombinationen:	Kombinationen:
2x Faust	1x Faust oder Ellenbog.	1x Faust/Ellenbog.
3x Block/Konter	4x Block/Konter	2x Block/Konter
		2x Block/2Konter
	2x Fuß/Faust	2x Fuß/2 Faust
	oder umgekehrt	oder umgekehrt
Techniken:	Techniken:	Techniken:
3 Fuß- o. Knietechn.	3 Fuß-, Knie- oder	3 Fuß-, Knie- oder
	Fußfegetechniken	Fußfegetechniken
Stände:	Stände:	Stände:
vor-, rück- ,seitwärts	vor-, rück-, seitwärts	vor-, rück-, seitwärts

Traditionelles Kumite nach Wahl des Prüfers

Freies Kumite

Grün / 6. Kyu	Blau / 5. Kyu	Violett / 4. Kyu
Je 3 x links/rechts	Je 3 x links/rechts	Je 3 x links/rechts
Angriff:	Angriff:	Angriff:
mit vorderen Fuß	Faustkombi oder	Faustkombi oder
	Fußkombi oder	Fußkombi oder
	Faust-/Fußkombi	Faust-/Fußkombi und
Abwehr:		Fußfeger oder Hebel
Block+Konter	Abwehr: Block+Konter	Abwehr: Block+Konter
3 Min. Freikampf	3 Min. Freikampf	3 Min. Freikampf
gegen 2 Gegner	gegen 2 Gegner	gegen 2 Gegner

Selbstverteidigung

Grün / 6. Kyu	Blau / 5. Kyu	Violett / 4. Kyu
gegen:	gegen:	gegen:
- Würgen	- Würgen	- Würgen
- Kleidung greifen	- Kleidung greifen	- Kleidung greifen
- Schlag von vorne	- Schläge vorn/Seite	- Schläge vorn/Seite
- Fußtritt von vorne	- Fußtritte von vorne	- Fußtritte vorn/Seite
	- STOCKangriff	- MESSER von vorne

Kata nach Wahl des Prüfers

Bunkai   2 Anwendungen

5.1. Karatebasistechniken zur SV

Anhand einer Technikübersicht soll zunächst der Versuch einer sinnvollen Zuordnung von Karatebasistechniken zu den Gurtstufen (untere, mittlere, obere) erfolgen. Diese Zuordnung sollte sich am Prüfungsprogramm des originären Karatestils (hier z.B. Shotokan), am Schwierigkeitsgrad der Techniken sowie an der jeweils geforderten Prüfungskata und Selbstverteidigung orientieren. Die Techniken können dann trainiert werden und in die Programme einfließen. Zum Beispiel:

	Unterstufe weiß–orange	Mittelstufe grün–violett
Fausttechniken		
Oi–Zuki gleichseitiger Fauststoß	=====>	
Gyaku–Zuki ungleichseitiger Fauststoß	=====>	
Kizami–Zuki Prellstoß	=====>	
Ura–Zuki umgekehrter Fauststoß		=====>
Uraken(-Uchi) Faustrückenschlag		=====>
Mawashi–Zuki Halbkreisfauststoß		=====>
Tettsui–Zuki Hammerschlag	=====>	

	Unterstufe weiß–orange	Mittelstufe grün–violett

Blocktechniken

Age-Uke
=====>
Unterarmblock nach oben

Uchi(-Ude)-Uke
=====>
Unterarmblock nach außen

Soto(-Ude)-Uke
=====>
Unterarmblock nach innen

Gedan-Barai
=====>
Unterarmblock unten außen

Nagashi-Uke
                    =====>
Abw. mit Unterarminnenseite

Shuto-Uke
                    =====>
Handkantenblock

Juji-Uke
                    =====>
Kreuzblock

Ude-Uke
=====>
Unterarmabwehr nach außen

	Unterstufe weiß–orange	Mittelstufe grün–violett

Fuß–/Knietechniken

Mae–Geri
Fußtritt/-stoß vorwärts

=====> (Unterstufe)

Yoko–Geri
Fußtritt-/stoß seitwärts

=====> (Mittelstufe)

Mawashi–Geri
Halbkreisfußtritt

=====> (Mittelstufe)

Kin–Geri
Spanntritt vorwärts

=====> (Unterstufe)

Sokutei–Mawashi–Uke
Fegeabwehr mit Fußinnenkante

=====> (Mittelstufe)

Ashibo–Kake–Uke
Schienbeinblock

=====> (Mittelstufe)

Hiza–Geri
Knieschlag/-stoß

=====> (Unterstufe)

Fußfegetechniken

Ashi–Barai
Fußfegen

=====> (Mittelstufe)

	Unterstufe weiß–orange	Mittelstufe grün–violett

Ellenbogentechniken

Empi: =====>
Mae/Yoko/Tate/Oroshi/Ushiro

Sonstige

Shuto–Uchi   =====>
Handkantenschlag

Shotai–Zuki   =====>
Handballenstoß

Nukite, Nihon   =====>
(Zwei–)Fingerstich

Te–Nagashi–Uke   =====>
Handfegeabwehr

Atami–Zuki   =====>
Kopfstoß

5.2. Die Wendungen 1 bis 4

Eine Besonderheit des Koshinkan ist, die Techniken im Kihon (Grundschule), nicht wie in den traditionellen Stilrichtungen nur vor- und rückwärts, sondern flexibel in verschiedene Richtungen auszuführen. Hierzu werden 4 Arten von Wendungen unterschieden:[24]

Wendung 1 :   90 Grad zur „offenen" Körperseite
Wendung 2 :   90 Grad zur „geschlossenen" Körperseite
Wendung 3:   180 Grad zur „offenen" Körperseite
Wendung 4:   180 Grad zur „geschlossenen" Körperseite

Zur besseren Orientierung werden häufig sog. „Uhrzeit-Richtungen" angegeben. Es bedeuten:

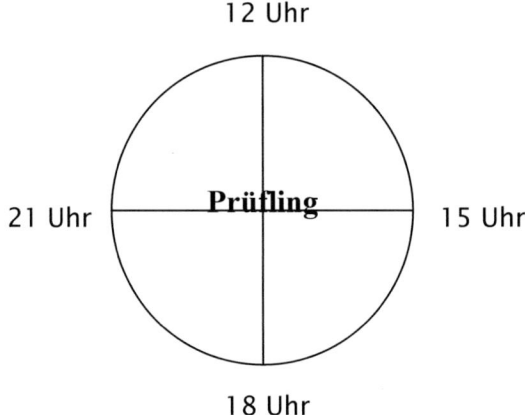

12 Uhr

21 Uhr — Prüfling — 15 Uhr

18 Uhr

---

[24] Vergl. Koshinkan, Rahmenprüfungsprog., 2010, S. 3,
Abschn.: „Koshinkan Prüfungsprogramm für Schülergrade"

26

6. Vorschläge für Prüfungsprogramme

Nachfolgend möchte ich nun Vorschläge für mögliche Prüfungsprogramme geben und gehe hierbei beispielhaft von der Stilart
Shotokan aus. Als Schwierigkeitsgrad wird die Altersstufe C, ab 13
Jahre (bis 49 Jahre) für Jugendliche & Erwachsene, zugrunde
gelegt.

6.1. Prüfung zum   9. Kyu (weiß)

ausgewählte Grundtechniken, z.B.

1x Fausttechnik
1. Gyaku-Zuki
2x Blocktechnik
1. Age-Uke
2. Soto-Uke
1x Fuß-/Knietechnik
1. Kin-Geri

Ausgangsstand   =   Hachiji-Dachi   (HD)
Vorwärtsstand   =   Zenkutsu-Dachi (ZK)

zu zeigen aus Jiyu-Kamai (Freie Kampfhaltung) jeweils 2 x links und 2 x rechts.

KIHON (9. Kyu)

YOI (Grundstellung)
rechts zurück   in Jiyu-Kamai
4 x **vorwärts**   im **ZK GYAKU-ZUKI**
4 x **rückwärts**   im **ZK AGE-UKE**
4 x **vorwärts**   im **ZK KIN-GERI**
4 x **rückwärts**   im **ZK SOTO-UKE**
YAME (Grundstellung)

TRADITIONELLE KUMITEFORM (9. Kyu)

Im Stand (HD) je 1 x links und rechts (Ippon)

Angriff (vorgegeben):   **Abwehr** (Prüfling), z.B.:

a) Fauststoß, jodan   (Oi Zuki)   ->   Age-Uke

b) Fauststoß, chudan (Oi Zuki)   ->   Soto-Uke

c) Kniestoß (Hiza Geri)   ->   Gedan-Barai o. Juji-Uke

FREIE KUMITEFORM (9. Kyu)

aus Jiyu-Kamai, je 3 x links und rechts, Abwehr = Block + Konter

Angriff (vorgegeben):   **Abwehr** (Prüfling), z.B.:

mit der vorderen Faust

(Kizamie-Zuki jodan)   ->   Age-Uke + Gyaku-Zuki

SELBSTVERTEIDIGUNG (9. Kyu)

Angriff (vorgegeben):   **Abwehr** (Prüfling):

a) Handgelenk fassen   ->   Soto-Uke (vertikal) + Gyaku-Zuki

b) Haare fassen   ->   Age-Uke + Gyaku-Zuki

KATA (9. Kyu)

keine

BUNKAI (9. Kyu)

kein

6.2. Prüfung zum 8. Kyu (gelb)

ausgewählte Grundtechniken, z.B.

1x Fausttechnik
1. Gyaku-Zuki
4x Blocktechnik
1. Age-Uke
2. Uchi-Uke
3. Soto-Uke
4. Gedan-Barai
1x Fuß-/Knietechnik
1. Kin-Geri (KK)

Vorwärtsstand   =   Zenkutsu-Dachi (ZK)
Rückwärtsstand   =   Kokutsu-Dachi   (KK)

zu zeigen aus Jiyu-Kamai (freie Kampfhaltung) jeweils 2 x links und 2 x rechts. Die Wendungen erfolgen auch in Jiyu-Kamai.

KIHON (8. Kyu)

YOI (Grundstellung)
rechts zurück   in Jiyu-Kamai mit Blocktechnik
4 x **vorwärts**   (auf 12 Uhr)   im **ZK GYAKU-ZUKI**
4 x **rückwärts**   im **ZK AGE-UKE**
Wendung 1 (90° auf 15 Uhr)
4 x **vorwärts**   im **ZK GEDAN-BARAI**
4 x **rückwärts**   im **ZK SOTO-UKE**
Wendung 2 (90° auf 12 Uhr)
4 x **vorwärts**   im **KK KIN-GERI**
4 x **rückwärts**   im **ZK UCHI-UKE**
YAME (Grundstellung)

TRADITIONELLE KUMITEFORM (8. Kyu)

Gohon, 5 x Angriff/Abwehr

5. Abwehr mit Kiai, Block und Konter, z.B.

Angriff (vorgegeben):   **Abwehr** (Prüfling, frei):

a) jodan   (z.B. Oi–Zuki)   ->   Age–Uke (+ Gyaku–Zuki)

b) chudan (z.B. Oi–Zuki)   ->   Soto–Uke (+ Gyaku–Zuki)

FREIE KUMITEFORM (8. Kyu)

aus Jiyu–Kamai, je 3 x links und rechts, Abwehr = Block + Konter

Angriff (vorgegeben):   **Abwehr** (Prüfling, frei) z.B.:

Angriff mit der hinteren Faust ->   Age–Uke + Gyaku–Zuki

(Oi Zuki)

1 Minute Freikampf ohne Partnerberührung

SELBSTVERTEIDIGUNG (8. Kyu)

Angriff (vorgegeben):   **Abwehr** (Prüfling, frei) z.B.:

a) beide Handgelenke fassen   ->   ZK rückwärts + Kin–Geri

b) Jacke fassen   ->   Soto–Uke + Uraken–Uchi

c) Fußtritt vorwärts   ->   Gedan–Barai + Gyaku–Zuki

KATA (8. Kyu)

Wahl des Prüfers, z.B. **Taiyoku o. Heian–Shodan**

BUNKAI (8. Kyu)

kein

6.3. Prüfung zum 7. Kyu (orange)

ausgewählte Grundtechniken <u>z.B.</u>

<u>2x Fausttechnik</u>
   1. Oi-Zuki
   2. Gyaku-Zuki
<u>4x Blocktechnik</u>
   1. Age-Uke
   2. Shuto-Uke (**KK**)
   3. Nagashi-Uke
   4. Juji-Uke
<u>2x Fuß-/Knietechnik</u>
   1. Mae-Geri-Keage chudan
   2. Yoko-Geri-Keage chudan (**KB**)

Vorwärtsstand	=	Zenkutsu-Dachi (ZK)
Rückwärtsstand	=	Kokutsu-Dachi (KK)
Seitwärtsstand	=	Kiba-Dachi (KB)

zu zeigen aus Jiyu-Kamai (freie Kampfhaltung) jeweils 2 x links und 2 x rechts. Die Wendungen erfolgen auch in Jiyu-Kamai.

KIHON (7. Kyu)

YOI (Grundstellung)

rechts zurück	in Jiyu-Kamai mit Blocktechnik
4 x **vorwärts** (auf 12 Uhr)	im **ZK OI-ZUKI**
4 x **rückwärts**	im **ZK AGE-UKE**

Wendung 1 (90° auf 15 Uhr)

4 x **vorwärts**	im **ZK GYAKU-ZUKI**
4 x **rückwärts**	im **KK SHUTO-UKE**

Wendung 4 (180° auf 21 Uhr)

4 x **vorwärts**	im **KB** (Gleiten)
	YOKO-GERI-KEAGE chudan
4 x **rückwärts**	im **ZK JUJI-UKE**

Wendung 1 (90° auf 12 Uhr)

4 x **vorwärts**	im **ZK MAE-GERI-KEAGE** chudan

Wendung 3 (180° auf 18 Uhr)

4 x **vorwärts**	im **ZK NAGASHI-UKE**

Wendung 3 (180° auf 12 Uhr)

YAME (Grundstellung)

TRADITIONELLE KUMITEFORM (7. Kyu)

Shion, 4 x Angriff/Abwehr

4. Abwehr mit Kiai, Block und Konter, z.B.

Angriff (vorgegeben):		**Abwehr** (Prüfling, frei) z.B.:
a) jodan (Oi-Zuki)	->	Age-Uke + Gyaku-Zuki
b) chudan (Oi-Zuki)	->	Uchi-Uke + Tate-Zuki
c) Fußtechnik (Mae-Geri chudan)	->	Gedan-Barai + Gyaku-Zuki

FREIE KUMITEFORM (7. Kyu)

aus Jiyu-Kamai, je 3 x links und rechts, Abwehr = Block + Konter

Angriff (vorgegeben):		**Abwehr** (Prüfling, frei) z.B.:
Angriff mit dem hinteren Fuß	->	Nagashi Uke + Gyaku-Zuki
(Mae Geri)		

2 Minuten Freikampf ohne Partnerberührung

SELBSTVERTEIDIGUNG (7. Kyu)

Angriff (vorgegeben):   **Abwehr** (Prüfling, frei) z.B.:

a) Umklammerung   ->

b) Fußtritt vorwärts   ->   *Beispiele siehe Kapitel 7.*

c) Schlag von oben   ->

KATA (7. Kyu)

Wahl des Prüfers, z.B. **Heian-Shodan o. -Nidan**

BUNKAI (7. Kyu)

1 Anwendung

6.4. Prüfung zum   6. Kyu (grün)

ausgewählte Grundtechniken/Kombinationen (2er) <u>z.B.</u>

<u>2x Faustkombination</u>
1. Renzuki (jodan, chudan)
2. Sanbonzuki (jodan, 2x chudan)

<u>3x Block-/Konterkombination</u>
1. Age-Uke + Gyaku-Zuki
2. Gedan Barai + Gyaku-Zuki
3. Shuto-Uke **(KK)** + Gyaku-Shuto-Uchi

<u>3x Fuß-/Knietechnik</u>
1. Yoko-Geri-Keage chudan (**KB** + Übersetzschritt)
2. Mawashi-Geri-Keage chudan
3. Hiza-Geri

Vorwärtsstand	=	Zenkutsu-Dachi (ZK)
Rückwärtsstand	=	Kokutsu-Dachi (KK)
Seitwärtsstand	=	Kiba-Dachi (KB)

zu zeigen aus Jiyu-Kamai (freie Kampfhaltung) jeweils 2 x links und 2 x rechts, nach der Technik/Kombination wieder in Jiyu-Kamai. Hieraus erfolgt auch die angegebene Wendung.

KIHON (6. Kyu)

YOI (Grundstellung)

rechts zurück in Jiyu-Kamai mit Blocktechnik

4 x **vw**   im **ZK RENZUKI**

4 x **rw**   im **ZK AGE-UKE + GYAKU-ZUKI**

Wendung 1 (90° auf 15 Uhr)

4 x **vw**   im **ZK SANBONZUKI**

4 x **rw**   im **ZK GEDAN-BARAI + GYAKU-ZUKI**

Wendung 4 (180° auf 21 Uhr)

4 x **vw**   im **ZK MAWASHI-GERI, chudan**

4 x **rw**   im **KK SHUTO-UKE + GYAKU-SHUTO-UCHI**

Wendung 1 (90° auf 12 Uhr)

4 x **vw**   im **KB** (Übersetzschritt) **YOKO-GERI-KEAGE chudan**

Wendung 3 (180° auf 18 Uhr)

4 x **vw**   im **ZK HIZA-GERI**

Wendung 3 (180° auf 12 Uhr)

YAME (Grundstellung)

TRADITIONELLE KUMITEFROM (6. Kyu)

Sanbon, je 3 x Angriff/Abwehr

3. Abwehr mit Kiai, Block und Konter,

z.B.**Angriff** (vorgegeben):   **Abwehr** (Prüfling, frei) z.B.:

a) jodan:

   z.B. Tetsui-Zuki   -> Age Uke + Gyaku-Zuki

b) chudan:

   z.B. Oi-Zuki   -> Shuto-Uke (KK)+Gyaku-Shuto-Uchi

FREIE KUMITEFORM (6. Kyu)

aus Jiyu-Kamai, je 3 x links und rechts, Abwehr = Block + Konter

Angriff (vorgegeben):   **Abwehr** (Prüfling, frei) z.B.:

Angriff mit dem vorderen Fuß   ->   Juji-Uke + Shuto-Uchi

(Kin-Geri)

3 Minuten Freikampf gegen 2 Gegner

SELBSTVERTEIDIGUNG (6. Kyu)

Angriff (vorgegeben):   **Abwehr** (Prüfling, frei) z.B.:

a) Würgen   ->

b) Kleidung greifen   ->   *Beispiele siehe Kapitel 7.*

c) Schlag von vorne   ->

d) Fußtritt von vorne   ->

KATA (6. Kyu)

Wahl des Prüfers, z.B. **Heian-Nidan o. -Sandan**

BUNKAI (6. Kyu)

2 Anwendungen

6.5. Prüfung zum   5. Kyu (blau)

ausgewählte Grundtechniken/Kombinationen (2er) <u>z.B.</u>

<u>1x Faust-oder Ellenbogenkombination</u>
  1. Renzuki (jodan, chudan)
<u>4x Block-/Konterkombination</u>
  1. Te-Nagashi-Uke jodan + Gyaku-Zuki
  2. Shuto-Uke (**KK**) + Gyaku-shuto-Uchi jodan
  3. Juji-Uke gedan + Mae-Geri chudan
  4. Soto-Uke + Empi-Uchi chudan (**KB**)
<u>2x Fuß-/Faustkombination</u>
  1. Mae-Geri-Keage chudan + Oi-Zuki (im Absetzen)
  2. Mawashi-Geri chudan + Gyaku-Zuki
<u>3x Fuß-/Knie- oder Fußfegetechnik</u>
  1. Sokutei-Mawashi-Uke
  2. Hiza-Geri
  3. Kin-Geri (**KK**)

Vorwärtsstand	=	Zenkutsu-Dachi (ZK)
Rückwärtsstand	=	Kokutsu-Dachi (KK)
Seitwärtsstand	=	Kiba-Dachi (KB)

zu zeigen aus Jiyu-Kamai (freie Kampfhaltung) jeweils 2 x links und 2 x rechts, nach jeder Technik/Kombination wieder in Jiyu-Kamai. Hieraus erfolgt auch die angegebene Wendung.

KIHON (5. Kyu)

YOI (Grundstellung)

rechts zurück in Jiyu-Kamai mit Blocktechnik

4 x **vw**   im **ZK RENZUKI**

4 x **rw**   im **KK SHUTO-UKE + ZK GYAKU-SHUTO-UCHI jodan**

Wendung 1 (90° auf 15 Uhr)

4 x **vw**   im **ZK MAE-GERI-KEAGE chudan**
                     + OI-ZUKI (im Absetzen)

4 x **rw**   im **ZK TE-NAGASHI-UKE + GYAKU-ZUKI**

Wendung 4 (180° auf 21 Uhr)

4 x **vw**   im **ZK MAWASHI-GERI chudan + GYAKU-ZUKI**

4 x **rw**   im **ZK JUJI-UKE + MAE-GERI chudan**

Wendung 1 (90° auf 18 Uhr)

4 x **vw**   im **KK KIN-GERI**

4 x **rw**   im **ZK SOTO-UKE + (KB) EMPI-UCHI**

Wendung 3 (180° auf 12 Uhr)

4 x **vw**   im **KK SOKUTEI-MAWASHI-UKE**

4 x **rw**   im **ZK HIZA-GERI**

YAME (Grundstellung)

TRADITIONELLE KUMITEFORM (5. Kyu)

Ippon, je 1 x links und rechts, Abwehr mit Kiai, Block und Konter

Angriff (vorgegeben):   **Abwehr** (Prüfling, frei) z.B.:

a) jodan, zB. Shuto-Uchi   ->   - Uchi-Uke + Gyaku-Zuki

b) chudan, z.B. Oi-Zuki   ->   - Gedan-Barai + Shuto-Uchi

c) Fußtechnik, z.B.

    Mae-Geri chudan   ->   - Ashibo-Kake-Uke

                            + Uraken-Uchi

FREIE KUMITEFORM (5. Kyu)

aus Jiyu-Kamai, je 3 x links und rechts, Abwehr = Block + Konter

Angriff (vorgegeben):   **Abwehr** (Prüfling, frei) z.B.:

Faust-, Fuß- oder
Faust-/Fußkombination

z.B. Renzuki   ->   Te-Nagashi-Uke, jodan
dann gleicher Arm, chudan
+ Empi-Uchi (KB)

3 Minuten Freikampf gegen 2 Gegner

SELBSTVERTEIDIGUNG (5. Kyu)

Angriff (vorgegeben):   **Abwehr** (Prüfling, frei) z.B.:

a) Würgen   ->
b) Kleidung greifen   ->
c) Schläge von vorn   ->   *Beispiele siehe Kapitel 7.*
d) Schläge von der Seite   ->
e) Fußtritte von vorn   ->
f) Stockabwehr   ->

KATA (5. Kyu)

Wahl des Prüfers, z.B. **Heian-Sandan o. -Yondan**

BUNKAI (5. Kyu)

2 Anwendungen

6.6. Prüfung zum 4. Kyu (violett)

ausgewählte Grundtechniken/Kombinationen (2 + 3er) <u>z.B.</u>

<u>1x Faust-/Ellenbogenkombination</u>
 1. Oi-Zuki + Empi-Uchi (**KB**)
<u>2x Block-/Konterkombination</u>
 1. Morote-Uke (**KK**) + Gyaku-Zuki
 2. Shuto-Uke (**KK**) + Kin-Geri
<u>2x Block-/**2** Konterkombin.</u>
 1. Uchi-Uke + Kizami-Zuki + Gyaku-Zuki
 2. Age-Uke + Mae-Geri (hinten absetzen) + Gyaku-Zuki
<u>2x Fuß-/**2** Faustkombination</u>
 1. Sokutei-Mawashi-Uke + Gyaku-Zuki + Tate-Zuki
 2. Mae-Geri-Keage chudan + Renzuki
<u>3x Fuß-/Knie-/Fußfegetechnik</u>
 1. Mae-Geri-Kekomi chudan
 2. Yoko-Geri-Kekomi chudan (**KB**)
 3. Ashi-Barai

Vorwärtsstand	=	Zenkutsu-Dachi (ZK)
Rückwärtsstand	=	Kokutsu-Dachi (KK)
Seitwärtsstand	=	Kiba-Dachi (KB)

zu zeigen aus Jiyu-Kamai (freie Kampfhaltung) jeweils 2 x links und 2 x rechts, nach jeder Technik/Kombination wieder in Jiyu-Kamai. Hieraus erfolgt auch die angegebene Wendung.

KIHON (4. Kyu)

YOI (Grundstellung)

rechts zurück in Jiyu-Kamai mit Blocktechnik

4 x **vw**   im **ZK OI-ZUKI + EMPI-UCHI (KB)**

4 x **rw**   im **KK MOROTE-UKE + GYAKU-ZUKI**

Wendung 1 (90° auf 15 Uhr)

4 x **vw**   im **ZK SOKUTEI-MAWASHI-UKE + GYAKU-ZUKI + TATE-ZUKI**

4 x **rw**   im **KK SHUTO-UKE + KIN-GERI**

Wendung 3 (180° auf 21 Uhr)

4 x **vw**   im **ZK MAE-GERI-KEAGE chudan + RENZUKI**

4 x **rw**   im **ZK UCHI-UKE + KIZAMI-ZUKI + GYAKU-ZUKI**

Wendung 2 (90° auf 18 Uhr)

4 x **vw**   im **ZK MAE-GERI-KEKOMI chudan**

4 x **rw**   im **ZK AGE-UKE + MAE-GERI** (hinten absetzen) **+ GYAKU-ZUKi**

Wendung 3 (180° auf 12 Uhr)

4 x **vw**   im **KB YOKO-GERI-KEKOMI chudan**

4 x **rw**   im **ZK ASHI-BARAI**

YAME (Grundstellung)

TRADITIONELLE KUMITEFROM (4. Kyu)

Ippon, je 1 x links und rechts, Abwehr mit Kiai, Block und Konter

Angriff (vorgegeben):   **Abwehr** (Prüfling, frei) z.B.:

a) jodan, z.B. Nihon-Nukite -> - Te-Nagashi-Uke + Tetsui-Uchi

b) chudan, z.B. Gyaku-Zuki -> - Ude-Uke + Kin-Geri

c) Fußtechnik,

    z.B. Mawashi-Geri chudan -> - Gedan-Bari gleichseitig, dazu Te-Nagashi-Uke überkreuz + Gyaku-Shuto-Uchi

FREIE KUMITEFORM (4. Kyu)

aus Jiyu-Kamai, je 3 x links und rechts, Abwehr = Block + Konter

Angriff (vorgegeben):   **Abwehr** (Prüfling, frei) z.B.:

Faust-/Fußkombination ODER

Fuß-/Faustkombination

z.B.: Mae-Geri, chudan   -> Sokutei-Mawashi-Uke

     Uraken-Uchi im Absetzen   -> Morote-Uke + Hiza Geri

UND

Fußfeger o. Hebeltechnik

z.B.: Ashi-Barai zum vorderen Fuß -> Fuß anheben + Renzuki

3 Minuten Freikampf gegen 2 Gegner

SELBSTVERTEIDIGUNG (4. Kyu)

Angriff (vorgegeben):   **Abwehr** (Prüfling, frei) z.B.:

a) Würgen   ->

b) Kleidung greifen   ->

c) Schläge von vorn   ->   *Beispiele siehe Kapitel 7.*

d) Schläge von der Seite   ->

e) Fußtritte von vorn   ->

f) Fußtritte von der Seite   ->

g) Messer von vorn   ->

KATA (4. Kyu)

Wahl des Prüfers, z.B. **Heian-Yondan o. -Godan**

BUNKAI (4. Kyu)

2 Anwendungen

7. Beispiele zur Selbstverteidigung

für die Angriffsvorgaben des Rahmenprüfungsprogrammes, unbeachtet des Grundsatzes der Verhältnismäßigkeit:

7.1. Handgelenk erfassen

7.1.1. Handgelenk erfassen: einhändig, gleichseitig
   ZK/Suri-Ashi seitlich vorwärts (ggf. dem Zug nachgebend)
   mit Gyaku-Zuki jodan (alternativ: Kin-Geri)

Tipp: gute SV-Beispiele z.B.
   - auf der DKV-website: www.karate.de (download)
   - Pflüger (Karate für alle), o.J.

7.1.2. Handgelenk erfassen: einhändig, ungleichseitig/diagonal
KB vorwärts zur Außenseite mit Soto-Uke (vertikal)

7.1.3. Mit beiden Händen ein Handgelenk erfasst
ZK/Suri-Ashi vorwärts mit Kin-Geri (alternativ: Gyaku-Zuki)

7.2. Beide Handgelenke fassen

7.2.1. Beide Handgelenke von vorn erfaßt

ZK rückwärts mit Kin-Geri (ggf. Mae-Geri bei größerer Distanz)
Siehe sinngemäß vorstehend 7.1.3.

7.2.2 Beide Handgelenke von hinten erfaßt

ZK rückwärts,   Empi rückwärts
Unterarme anwinkeln und
nach vorne stossen,

7.3. Haare fassen

7.3.1. Haare fassen von vorn
ZK/Suri-Ashi rückwärts mit Juji-Uke jodan, Mae-Geri

7.3.2. Haare fassen von hinten
linken Fuß zurücksetzen (Wendung) in ZK und Gyaku-Zuki (o.ä.)

7.4. Jacke/Kleidung fassen

7.4.1. Fassen: einhändig ins Rever
linken Fuß zurück in KD mit Soto-Uke und Uraken

7.4.2. Fassen: beidhändig ins Revers

Kin-Geri   dann Empi von oben auf die
                            Unterarme

7.5. Fußtritte von vorn (z.B. Mae-Geri)

Nagashi-Uke mit Drehung

alternativ:
Ashibo-Kake-Uke
(Unterschenkelblock)

7.6. Fußtritte von der Seite (z.B. Mawashi-Geri)

ZK/Suri-Ashi rechts vorwärts,
Gedan-Barai (links) gleichzeitig Te-Nagashi-Uke und Empi

7.7. Umklammerungen

7.7.1. Umklammerung von vorn unter den Armen

Atami–Zuki (Kopfstoß)	beidseitiger Hiraken–Zuki
	(Fingerknöchelstoß)
oder/und	zu den Schläfen

7.7.2. Umklammerunge von vorn über den Armen
Atami–Tsuki (Kopfstoß) mit ZK, Arme nach unten außen stoßen,
Hiza–Geri zu den Genitalien

7.7.3. Umklammerung von hinten unter den Armen

KB, Hiraken–Zuki (Knöchelfauststoß) als „Trommelfeuer" auf die Hände (alternativ: mehrere Empi links/rechts)

7.7.4. Umklammerung von hinten über den Armen

Atami–Zuki (Kopfstoß) oder/und Kakato–Geri abwärts (Fersenstampftritt) auf den Fuß, Arme nach unten außen stoßen und Empi rückwärts

7.8. Schläge von vorne (z.B. Fauststoß)

KB rechts, Soto-Uke und Empi

7.9. Schläge von der Seite (z.B. Ohrfeige, Schwinger)

ZK, Uchi–Uke   Empi jodan

7.10. Würgen

7.10.1 Würgen beidhändig von vorn

Kin-Geri   und Empi von oben auf die
                                   Unterarme

7.10.2 Würgen beidhändig von der Seite

KB und Uraken zu den   Empi
Genitalien

7.11. Stockangriff

7.11.1. Stockangriff von oben
ZK links vorwärts, Uchi-Uke   Mawashi-Geri

Wichtig ist es, seitlich aus der Schlagrichtung heraus zu gehen („weiche Form"). Gleichzeitig stellt die Abwehr Uchi-Uke sicher, dass die Schlagrichtung (vorne/unten) beibehalten wird.

Eine klassische Age-Uke-Abwehr ist hier nicht vorteilhaft. Es würden beide Unterarme aufeinander prallen („harte Form"); ggf. der Stock, durch abknicken des stockführenden Handgelenks, über unseren Block auf den Kopf treffen.

7.11.2. Stockangriff von <u>oben außen</u>

a) zum Kopf

Uchi-Uke und Shuto-Uchi zum Hals

b) zum Körper

ZK vorwärts links,   Empi
Gedan-Barai (links)

7.11.3. Stockangriff von <u>oben innen</u>

a) zum Kopf

ZK vorwärts (links), Uchi-Uke, Hiza-Geri

b) zum Körper

ZK vorwärts (links), Gedan-Barai mit Te-Nagashi-Uke,
Shuto-Uchi ins Genick

7.12. Messerangriff von vorne

7.12.1. Messerangriff von vorne <u>oben</u>
Handfegen und -fassen (alternativ: <u>Handkantenblock</u>),
Shuto-Uchi zum Hals, Kin-Geri

7.12.2 Stich zum Bauch
Sokutei-Mawashi-Uke, (mindestens) Sanbon-Zuki, Kin-Geri

7.12.3 Messerangriff von vorne <u>außen</u>

Suri–Ashi in den Angriff hinein, Shuto–Uke, Shuto–Uchi, Kin–Geri

7.12.4. Messerangriff von vorne <u>innen</u>

Suri–Ashi seitlich vorwärts mit Shuto–Uke und Hiza–Geri

8. Übungen

insbesondere zum Trainieren der Reflexe und Schnelligkeit.

a) Ausfallschritte (ZK) in 7 Richtungen gegen Oi-Zuki

V steht im Hachi-Dachi oder Jiyu-Dachi. Von hier soll er schnellstmöglich einem gradlinigen Angriff (z.B. Oi-Zuki) von Partner A ausweichen, in dem er in den Zenkutsu-Dachi und eine der 7 klassischen Richtungen wechselt.

Beachte: Blickkontakt zum Angreifer und Gleichgewicht halten.

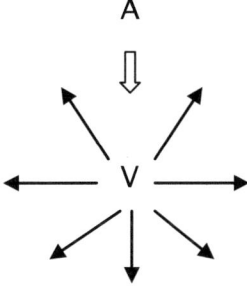

ZK/Suri-Ashi mit   ZK/Suri-Ashi mit
linkem Fuß   rechtem Fuß

    Übungsvarianten:
    -Angriff/Schritt auf Kommando oder frei
    -Angriff z.B.: Schlag von oben, Fußtritt, ...

b) Wechselseitig Block o. Fegen gegen Stoß o. Tritt

A und B stehen sich in Kampfhaltung gegenüber. A greift B mit einem geradlinigen Angriff (z.B. Oi-Zuki) und Schritt vorwärts an. B weicht mit einem Schritt rückwärts und einem passenden Block/Fegen (z.B. Age-Uke) aus. Aus dieser Position macht nun B seinen Angriff mit Schritt vorwärts und A weicht mit Block/Fegen und Schritt rückwärts aus. Trainiert wird auf Schnelligkeit und Reaktion.

    Übungsvarianten:
    -Angriff(e) und Block(e) werden vorgegeben oder sind frei

c) Kreis: Verteidiger in der Mitte (Konzentration)

Ein Karateka wird in die Kreismitte von mehreren Angreifern genommen. Diese greifen nacheinander (oder durcheinander) mit vorgegebenen (oder freien) Angriffen (Fauststoß, Fußtritt, Ohrfeige, ...) den Karateka an. Dieser hat zu Blocken/Fegen und Kontern.

d) Atemitechniken gegen große Pratze (Makiwara):

hier könnte sich der Pratzenhalter in die Kreismitte der Karateka begeben und vorher angesagte Techniken gegen die Pratze ausführen lassen. Techniken z.B.: Kin-Geri, Mae-Geri, Mawashi-Geri, Yoko-Geri, auch Faust-/Ellenbogentechniken. Die Karateka üben hierbei Distanz, Krafteinsatz und Zielgenauigkeit.

e) Sabaki (Schrittdrehung) aus KK

Zwei Partner stehen sich gegenüber. Einer im Zenkutsu-Dachi mit Angriff Oi-Zuki, jodan. Der Andere, im Kokutsu-Dachi, weicht mit einer (Tai-)Sabaki-Bewegung (um90°) nach links oder rechts aus, ggf. mit einem leichten Handfegen. Ziel ist die schnelle Übung der Schrittdrehung (Sabaki) und Reaktion.

f) Sokutei-Mawashi-Uke gegen ausgestreckte Hand

Ein Partner streckt seine Flache Hand vor (z.B. als gedachte Messerbedrohung), der andere führt aus der Kampfhaltung Sokutei-Mawashi-Uke (mit dem vorderen Fuß = kurzer Weg) gegen die Hand aus.

Übungsvarianten:

- Höhe der Handhaltung (anfangs chudan, dann ggf. höher)
- Handführender Partner bewegt sich leicht im Raum

g) Schulter-Knie-Ticken

Zwei Partner sollen sich gegenseitig an Schulter oder Knie (leicht) ticken und dabei ein selbst getickt werden vermeiden. Auf irgendwelche Kampfhaltungen und Stellungen kommt es nicht an, alleine auf Schnelligkeit und Reaktion.

h) Wechselseitig: Ashibo-Kake-Uke gegen Mae-Geri

Die beiden Partner stehen sich in Kampfstellung gegenüber. Einer greift mit Mae-Geri chudan an, der Partner kontert mit (dem vorderen Bein = kurzer Weg) Ashibo-Kake-Uke (Unterschenkel-block) nach innen oder außen; anschließend greift er an. Im wechselseitigen Spiel wird die Reaktion für die Technik Ashibo-Kake-Uke geschult. Sie ist hervorragend für zur schnellen Abwehr von Fußtrittangriffen von vorne geeignet, da es nur ein anheben des vorderen Knies mit leichter Hüftdrehung bedarf. Die Arme sind zur Deckung und sofortigem Konter bereit.

i) Handfegen gegen mit „Oi-Zuki vorgehenden"

Zwei Partner stehen sich gegenüber an einem Ende des Raumes. Der Außenstehende geht (keine Kampfstellung) nun vorwärts auf den Partner zu und führt mit jedem Schritt einen Fauststoß zum Kopf oder Griffansatz zu den Haaren aus. Der Partner weicht jeweils mit einem Schritt rückwärts und einem Handfegen gegen die angreifende Faust/Hand aus. So bewegen sich beide auf einer Bahn durch den ganzen Raum. Wiederum Reaktions- und Schnelligkeitstraining.

j) Wechselseitig Mae-Geri, Bewegung

Zwei Karateka stehen sich in Kampfhaltung und Linksauslage gegenüber. Die Kampfhaltung/Deckung ist leicht geöffnet. Nun führen sie abwechselnd Mae-Geri-Keage chudan (mit rechts) aus, wobei sie den Bauch des Partners leicht anticken. Der tretende Fuß wird wieder hinten abgesetzt. Dies nun auf Schnelligkeit, mit Distanz- und Zielübung.

    Übungsvarianten:

    -Auslagenwechsel: Mae-Geri mit linkem Fuß

    -leichtes kreismäßiges Bewegen der Partner

Abkürzungen

Abschn.	Abschnitt
AKS	American Karate System (Stil im DKV)
BGB	Bürgerliches Gesetzbuch
bzw.	beziehungsweise
ca.	circa
d.h.	das heißt
DKV	Deutscher Karate Verband
etc.	etcetera
gem.	gemäß
ggf.	gegebenenfalls
Kap.	Kapitel
KB	Kiba-Dachi (Seitwärtsstand)
KK	Kokutsu-Dachi (Rückwärtsstand)
m.E.	meines Erachtens
o.A.	ohne Angabe
o.O.	ohne Ort
o.J.	ohne Jahr
sog.	sogenannt
StGB	Strafgesetzbuch
StPO	Strafprozessordnung
SV	Selbstverteidigung
u.a.	unter anderem
u.ä.	und ähnliches
u.v.a.	und vieles andere
u.v.m.	und vieles mehr
vergl.	vergleiche
www	world wide web (internet)
z.B.	zum Beispiel
ZK	Zenkutsu-Dachi (Vorwärtsstand)

Quellenverzeichnis

Braun, Christian
(Selbstverteidigung, 2006)
Selbstverteidigung – Techniken die wirklich helfen, Auflage o.A.,
Aachen: Meyer & Meyer Verlag, 2006

Deutscher Karate Verband (DKV)
(Verfahrensordnung des DKV, 2010)
Verfahrensordnung des DKV (für Prüfungen), Auflage o.A., o.O.:
veröffentlicht auf der homepage: www.karate.de, Stand letzter
Änderung 20.11.2010

Geupel, Bernd / Pflüger, Albrecht
(Prüfungsprogramm B–W, 2009)
Koshinkan Prüfungsprogramm Baden–Württemberg 9. bis 1. Kyu,
Auflage o.A., o.O.: Vertrieb durch Bernd Geupel, © 2009

Koshinkan
(Koshinkan homepage, 2011)
Informationen auf der homepage der Koshinkan-Stilrichtung unter
www.koshinkan.de, 2011

Koshinkan
(Rahmenprüfungsprog., 2010)
Koshinkan Rahmenprüfungsprogramm, als download von der
website www.koshinkan.de, gültig ab 01.01.2010

Peters, Andre / Weger, Joachim / Lowien, Thomas
(Unterrichtung 2007)
Unterrichtung im Bewachungsgewerbe, Auflage o.A., Berlin: DIHK
Deutscher Industrie- und Handelskammertag, 2007

Pflüger, Abrecht
(Karate für alle, o.J.)
Karate für alle – Karate-Selbstverteidigung in Bildern, Auflage o.A., Niedernhausen/Ts.: Falken-Verlag, o.J.

Schönfelder
(Deut. Gesetze, 2009)
Schönfelder Deutsche Gesetze – Sammlung des Zivil-, Straf- und Verfahrensrechts, 140. Ergänzungslieferung, Stand Juli 2009, München: C.H. Beck, 2009

Autor

Volker Römstedt
Diplom-Kaufmann (FH)

Kampfsportgraduierungen (u.a.):

der Martial Arts Association (MAA)
4. DAN Ju-Jitsu, Fachsporttrainer und Prüfer
1. DAN All-Style-Karate-Do (Kempo-Ryu), Prüfer
Security-Taktical-Trainer

des Deutschen Ju-Jutsu Verbandes (DJJV)
3. DAN Ju-Jutsu, Prüfer

des Deutschen Karates Verbandes (DKV)
1. DAN Koshinkan, C-Prüfer für Koshinkan & Stiloffenes Karate

Sonstiges
- Sachkundeprüfung für das Bewachungsgewerbe, § 34 a GewO
- Ausbilder nach AEVO
- Buchautor: „Taschenfibel für den Sicherheitsdienst",
              Verlag Books on Demand GmbH